AF362369

RÉPONSE

De Mademoiselle DE MONNIER,

A Monsieur DE MONNIER, son Pere.

ON pere, j'oserai vous répondre. Ce seul mot accroît déja l'indignation dont vous m'accablez depuis si long-temps. Votre inflexible cœur ne va trouver dans cette action qu'une indocilité qui l'irritera. Le mien en est déchiré: ma main tremble; mais le devoir la guide: pourquoi faut-il que j'aie à choisir entre vous & lui?

Livrée depuis sept ans, dans un cloître, aux regrets & à l'ignominie, j'esperois de ces sept années de malheurs, qu'elles m'épargneroient celui-ci. Dès le lendemain de ma faute, vous m'ordonnâtes de vous suivre aux Tiercelines de Dole. Quels jours j'ai passé parmi elles! Des pleurs amers, de mortelles allarmes, d'odieux combats, des songes inquiets, de plus affreux réveils, ces défaillances pires que les tourmens, tout ce qui peut par sa force ou par sa durée, racheter les torts de l'amour, je l'ai senti

A

(1)

dans le plus profond de mon ame. En ai-je murmuré ? M'eſt-il échappé quelques plaintes ? Non, mon pere ; je n'ai rien oublié de ce que peuvent faire la patience, la ſoumiſſion, le courage, le repentir ; j'ai mérité l'attachement de mes compagnes ; la Supérieure & les Profeſſes m'ont accordé de l'intérêt & des bontés : ſi nulle d'entre-elles ne m'a pû conſoler, toutes m'ont plaint. C'eſt ainſi que j'ai employé à honorer mes ſouffrances par quelques vertus, ce même temps que vous faiſiez ſervir à répandre par toute la terre vos Mémoires & mon opprobre.

Sans vous, mon pere, Paris, la Cour & les Provinces n'euſſent point été fatigués tant de fois de ma malheureuſe avanture. Ce n'eſt pas que je vous en faſſe des reproches : je n'en ai ni l'envie ni le droit. Quelqu'affligeant qu'il ait été pour votre fille que ſa honte fût votre ouvrage, j'ai reſpecté des coups portés par la main paternelle. J'ai fait plus que de m'y réſigner : j'ai tenu de ma volonté la portion de mon châtiment qui n'a pas été la moins rude. Je me ſuis interdit toute eſpece de relations avec l'objet de mes vœux : ni confidence, ni manéges, ni lettres, ni meſſages. Je me ſuis remiſe de ſes intentions à ſa foi. Non-ſeulement j'aurois appréhendé que mes ſoins pour m'en inſtruire ne compromiſſent mon Monaſtere ; j'ai voulu qu'une extrême licence fût punie par une contrainte extrême. Dans ces jours même de défaftre & de crife où vous en vouliez à fa vie, défefperée de l'afpeʧ fous lequel vous préfentiez les faits, j'ai concentré mes perplexités au-dedans de moi-même. La voix publique a feule percé les murs de mon cloître, pour m'apprendre que fes Juges l'avoient fauvé de vos pourfuites. J'avois fouffert mille fupplices dans le filence : c'eft auffi dans le fecret de mes penfées que j'ai béni le Ciel de la juftice des hommes. Voilà, mon pere, mes facrifices & ma conduite jufqu'au jour qui m'a rendu majeure.

A ce moment, les Loix vous ont délivré du foin de ma deftinée, & m'ont donné la liberté de me marier enfin felon mon cœur. Alors ce n'a plus été vos refus que j'ai craints. Mais, le dirai-je? j'ai craint ceux de l'homme que j'aimois. Cet homme que vous aviez peint des plus noires couleurs ; ce *monftre*, ce *fcéle-rat*, qui, difiez-vous, ne s'étoit jetté dans mes bras que pour m'y ravir l'honneur, par vengeance & par haine pour vous, me gardoit-il des fentimens que tant d'hommes, fans paffer pour fcélerats ni monf-tres, rejettent, quand ils ont triomphé ? Les vexa-tions du pere l'avoient-ils détaché de la fille ? Je flot-tois dans ces incertitudes, quand j'en reçus non une lettre ; eh ! que m'eût fait la plus tendre des lettres ? Des fermens fi déplacés euffent augmenté mes doutes.

Mais j'en reçus ce qu'il pouvoit m'envoyer de plus précieux au monde , la formule de la publication de nos bans. Elle étoit fignée de fon nom ; je la baignai de mes larmes & y plaçai le mien. Vainement je tentai tout pour vous fléchir. Il fallut que je vous adreffaffe des fommations refpectueufes.

Je ne prévoyois guere la nouvelle fcène que vous alliez donner encore au public. Vous avez formé oppofition à mon mariage ; vous avez été affigné au Bailliage de Dole pour *voir dire* qu'il feroit paffé outre à la célébration : vous avez évoqué l'inftance aux Requêtes du Palais. Nous y avons obtenu un Jugement par défaut, qui vous a débouté de votre oppofition : vous avez appellé de cette Sentence au Parlement de Befançon. Tel eft l'expofé vrai de vos rigueurs & de la procédure.

Ce n'eft pas tout : vous avez appuyé cette procédure par un Mémoire , marqué au même coin qui a toujours caractérifé vos écrits fur cette trifte affaire. Les deux motifs que vous y faites valoir pour ne point confentir que je m'uniffe au fieur de Valdahon, font qu'en homme inftruit vous ne le pouvez point ; qu'en homme d'honneur vous ne le devez point.

Il n'eft, dites-vous d'abord, qu'un féducteur, que les Ordonnances du Royaume empêcheroient de s'allier à ma fille quand j'y confentirois. Il n'eft, ajoutez-vous, qu'un homme indigne par lui-même & par les siens, d'entrer dans une famille aussi irréprochable que la mienne. Plût à Dieu, mon pere, qu'elle le fût ! je serois moins dévorée de remords. C'est pour les faire taire, que je vous conjure de m'entendre : & si je n'obtiens point de votre amour que vous approuviez cette alliance, je convaincrai du moins votre raison & mes Juges : premierement, qu'en homme instruit vous le pouvez : secondement, qu'en homme d'honneur vous le devez.

Plusieurs s'offenseront peut-être de voir votre fille vous combattre. C'est le sort de tous ceux qui ont commis des fautes graves, que les tentatives même qu'ils se doivent pour les effacer, font scandale. Aussi je ne demande ni indulgence, ni faveur. Je ne réclame que l'équité publique. Mes torts n'autorisent dans personne celui d'être injuste. Si l'on ne l'est pas, on reconnoîtra qu'il existe pour moi trois autorités respectables, celle d'un pere, celle des Loix, celle de l'honneur : que si le premier de ces trois pouvoirs s'oppose à mes droits, le second me les assure ; le troisieme me défend d'en faire le sacrifice ; & ces deux-ci me font garans que ma résistance à l'autre est plûtôt une vertu, qu'une injure.

PREMIERE PARTIE.

» En homme inftruit, je ne puis confentir à votre » mariage ». Voilà, mon pere, votre premiere propofition : & voici vos moyens.

Vous dites d'abord que l'Edit de Henri II de 1556 oblige les filles, même majeures, d'attendre le confentement de leurs pere & mere. Je réponds que l'Edit de Henri II de 1556, difpenfe les filles majeures d'attendre le confentement de leurs pere & mere. C'eft fur le texte de cet Edit qu'il faut nous juger. Le voici.

» Voulons que les Enfans de famille ayant contracté, » & qui contracteront mariages clandeftins contre le » gré au défçû de leurs peres & meres, puiffent, pour » telle irrévérence & ingratitude, être par leurfdits » peres & meres, & chacun d'eux, exhérédés & » exclus de leurs fucceffions ». *Néanmoins n'entendons*, ajoute cet Edit, *comprendre les mariages qui auront été & feront contractés par les fils excédant l'âge de trente ans, & les filles ayant vingt-cinq ans accomplis, pourvû qu'ils fe foient mis en devoir de requérir l'avis & confeil de leurfdits peres & meres.* L'E- » dit ajoute enfin, » ce que voulons auffi être gardé » pour le regard des meres qui fe remarient, def- » quelles fuffira requérir leurs confeils & avis ; &

» ne feront lefdits Enfans audit cas tenus d'attendre
» leur confentement. «

Vous êtes le feul qui ne voyez pas que cet Edit prononce en termes formels, que tout homme âgé de trente ans, & que toute fille âgée de vingt - cinq, n'ont plus befoin du confentement paternel & maternel pour fe marier ; qu'il leur fuffit de requérir cet aveu ; qu'il n'eft pas néceffaire qu'ils l'attendent ; que dès qu'ils l'ont requis, leurs parens, loin de pouvoir empêcher leur mariage, ne peuvent pas même les en punir par l'exhérédation. Voilà, mon pere, la décifion précife de cette Loi.

Qu'en réfulte-t-il pour ma caufe ? Il en réfulte qu'ayant vingt - cinq ans accomplis, & défirant d'époufer un homme qui en a trente, il ne m'a fallu, pour m'exempter de l'exhérédation, que vous demander votre aveu, fans que j'aye été obligée de l'attendre. Cette application de l'Edit à l'efpece préfente eft fi fimple, qu'il ne faut être ni Jurifconfulte ni Magiftrat, pour la fentir. Vous pourtant, qui êtes l'un & l'autre, vous vous prévalez contre moi du propre Edit qui me protége & vous condamne. Il eft clair que cet Edit n'aftreint les fils de trente ans & les filles de vingt-cinq, qu'à requérir un confentement, qu'il les difpenfe, par cela même, d'obtenir. Dire qu'il leur fuffit de le demander, c'eft bien dire qu'ils n'ont pas

befoin de l'avoir. Et vous, pour m'obliger d'attendre votre aveu, vous m'objectez l'Edit même qui
m'autorife à ne l'attendre pas. Et vous, pour m'empêcher de me marier à l'objet de mes affections,
vous m'oppofez une Loi qui ne vous permet pas
même de m'exhéréder, fi je l'époufe.

D'où donc tirez-vous votre interprétation? De je
ne fais quelle équivoque qu'il vous plaît d'élever fur ce
qu'après avoir parlé des meres remariées, dont le confentement doit être auffi requis, l'Edit ajoute que *leurs
enfans ne feront point tenus de l'attendre.* » Si c'eft,
» dites-vous, des meres remariées qu'ils ne doivent
» point l'attendre, ils doivent donc l'attendre des
» autres ». Quelle erreur! quel contre-fens! Comme
fi l'Edit portoit qu'il n'y a que les meres remariées,
dont ils ne duffent pas l'attendre : comme fi, au
contraire, l'Edit, après avoir déclaré qu'il falloit
le requérir & des peres, & des meres, & même
des meres remariées, n'entendoit pas que l'on fût,
à trente & vingt-cinq ans, difpenfé de l'attendre
d'eux tous. Si en effet des fils & filles de trente &
vingt-cinq ans n'avoient pas cette difpenfe, que
deviendroit l'exception portée dans l'Edit en faveur
de cet âge? Cet article n'auroit aucun objet, ne fi-
gnifieroit rien, feroit abfurde.

» Mais pourquoi cet article à part fur les meres rema-
» riées » ?

» riées ? » Pourquoi? La raison en est simple. Comme les veuves qui se remarioient étoient déchues de tous leurs priviléges & droits dotaux, leurs enfans auroient pû se croire autorisés à ne se pas comporter envers elles, comme envers les meres restées veuves : ce qui n'eût pas été juste ; car le second mariage qu'elles contractent, ne leur ôtant pas le titre de meres, ne doit par conséquent point dispenser leurs enfans du respect filial. Mais en conclure, comme vous faites, qu'il n'y ait que l'aveu des veuves remariées qu'on puisse négliger, & qu'il faille attendre celui des autres, cette conséquence, ridicule en elle-même, est manifestement opposée tant à l'esprit qu'au texte de la Loi.

Cet Edit veut que nous consultions avec soumission nos parens sur nos mariages. Mais il veut aussi que nos parens n'abusent point de leur pouvoir sur nous. Il concilie avec les droits des peres, ceux des enfans, en prévenant l'abus qu'il y auroit de donner aux uns trop d'empire, & de laisser trop de liberté aux autres. En un mot, il sçait accorder les obligations du fils avec la liberté de l'homme. Et vous, mon pere, vous voulez rendre l'homme un éternel esclave de l'injustice & de la tyrannie. C'est-à-dire que vous travestissez en un instrument de malheur & de trouble, une loi fage, & faite pour être dans la fociété une fource de paix. C'eft-à-dire, que des maximes qui tirent leur origine du droit de nature, que des maximes adoptées & établies par les meilleurs Légiflateurs, confacrées par tous les Tribunaux, célébrées par la reconnoiffance des familles, & par un fuffrage uni-verfel, vous les arrachez du livre des loix, pour y fubftituer ce que vous auriez le defir d'y voir. Et parce qu'elles n'offrent aucune prife à vos deffeins, vous les défigurez, vous les changez, vous vous jouez de leur texte & de mes droits, comme de mes maux. Ah ! fi du haut du Tribunal où le Prince vous a fait monter pour préfider une de fes Cours, vous entendiez quelqu'artificieux Orateur dénaturer à ce point l'Edit de Henri II, & faire fervir aux reffenti-mens d'un pere, une loi toute faite pour les calmer, que penferiez-vous, mon pere, de l'argument & du fophifte? Et parce que vous voilà defcendu de votre fiége, pour vous placer au rang des Parties, il faut que vous en partagiez l'aveuglement & les paffions! Eh ! qui vous forçoit d'altérer un Edit fi étranger à l'objet préfent, puifque ce n'eft pas de fçavoir fi vous pouvez me priver de votre fucceffion, mais de fça-voir fi vous pouvez empêcher mon mariage, qu'il eft queftion ?

J'en dis autant de cette loi Romaine que vous m'oppofez encore, quoi qu'il ne s'y agiffe non plus que du droit d'exhéréder. Cette Loi porte, »que » fi une fille a préféré de mener une vie licencieufe, » à recevoir l'époux que lui deftinoit fon pere, » cette conduite autorife celui-ci à l'exhéréder ». Et vous trouvez dans cette Loi, que *l'unique raifon qui autorife une fille à fe marier contre le gré de fes parens, c'eft s'ils ont différé de l'établir.* L'intérêt de que vous avez de prêter à cette Loi une décifion fi bifarc, c'eft d'en conclure que l'offre que vous me fites, il y a huit ans, d'époufer le Marquis de Berfaillin, m'ôte aujourd'hui la faculté de me marier à Valdahon, fans votre aveu. Où voit-on donc que le droit qu'a une fille mineure de refufer fa main à qui ne lui plaît pas, nuife au droit qu'elle acquiert à fa majorité, de la donner à celui qu'elle aime? Je n'aimai point M. de Berfaillin, parce qu'un autre avoit mon cœur; & le cœur fe partage-t-il? Mais quels fentimens cet homme généreux m'infpira, lorfqu'inf-truit de ma foibleffe, il vint vous prier de rompre avec lui, fans me deshonorer! Bienfait infigne! que je n'oublierai jamais, & qui joignit la reconnoiffance à l'eftime que j'ai toujours eue pour lui. Vous répon-dîtes » qu'il n'avoit qu'à être le premier à répandre

B ij

la caufe de la rupture «. A ces mots , je tombai à vos pieds toute tremblante : je vous conjurai de ne pas me perdre , d'enfevelir plutôt ma faute & moi dans un éternel oubli. Mes larmes furent inutiles : ce ne fut qu'après la fatale plainte que vous avez rendue, qu'il fallut vous fuivre au Couvent. Mais en y entrant, je jurai d'y trouver mon tombeau , ou de n'en fortir que pour aller , du même pas , réparer aux pieds des Autels, la réputation que vous m'enleviez. Mais, encore une fois , la Loi Romaine que vous m'oppofez ne dit pas un mot du mariage : elle ne parle que d'exhérédation.

Je ne fçais, mon pere ; mais cette affectation de citer fi hors de propos des loix toutes relatives à l'exhérédation, me feroit croire ce qu'on publie de toutes parts, que l'écrivain de votre Mémoire n'eft pas vous , mais un homme qui, fi vous m'exhérédiez, recueilleroit tous vos biens. Le bruit de la Province eft, que cet homme avoit promis à un Miniftre de travailler à vous appaifer ; mais qu'au mépris de fa promeffe, il vous fert, ou plutôt il vous nuit, en fe fervant lui-même. Il a, dit-on, pefé chaque ligne de fon Mémoire , au poids de vos richeffes. Donnez-les lui, & qu'il fe taife. Ce n'eft point votre exhérédation, c'eft votre colere qui m'afflige. Que me fait la perte de la fortune, fi j'ai perdu votre amitié ? Que m'importe votre or, fi je regagne, avec l'honneur, l'homme que j'aime!

» Non, jamais, vous écriez-vous, jamais cet
» homme n'aura votre main. Il vous a féduit, & les
» loix proferivent les mariages des féducteurs. L'oppo-
» fition que je forme au vôtre eft de devoir & de nécef-
» fité. C'eft un engagement qui, né d'un crime pu-
» blic, ne pourroit exifter que criminel, & qui
» jamais, quand j'y donnerois mon aveu, n'en de-
» viendroit plus légitime «. Puis, vous citez l'Ordonnance de 1639, qui déclare non valablement
contractés les mariages faits avec les raviffeurs; l'Edit
de Mars 1697, qui les déclare nuls; la Déclaration
de 1730, qui ordonne que » le procès fera fait &
» parfait à tous ceux & celles qui feront accufés d'a-
» voir féduit & fuborné par artifices, intrigues ou
» autres mauvaifes voies, des fils ou filles, même des
» veuves mineures de vingt-cinq ans, pour parvenir
» à un mariage à l'infçu ou fans le confentement de
» leurs peres & meres.... Et que ceux ou celles qui fe
» trouveront convaincus dudit rapt de féduction,
» feront condamnés *à la peine de mort* «. Voilà, dites-
vous, la derniere de nos loix, *où ma fille peut lire
fon Arrêt.*

Quoi! mon pere, feroit-ce ma téte que demanderoit cette loi? Seroit-ce fur votre fille que tom-
beroit l'Arrêt de mort qu'elle prononce? S'il en étoit

ainfi, & que je n'euffe, pour m'y fouftraire, d'autre reffource que le menfonge ; s'il falloit que j'optaffe entre la mort & le parjure, vous m'entendriez répéter à mes Juges ce que je fçus leur dire, lorfqu'en 1763 vous leur dénonçates Valdahon, comme un fuborneur digne du fupplice. Déja le peuple, entraîné par vos cris, le croyoit voir fur l'échaffaud. Les Magiftrats qui ne confultent que les preuves, voulurent, avant de le juger, interroger fa complice. Je parus devant eux. Moment terrible pour un cœur honnête & coupable ! Ils m'ordonnerent de leur déclarer la Vérité fous la foi du ferment. Je crus entendre la voix du Dieu au nom duquel ils me la demandoient. Je dépofai tout refpect humain, toute feinte ; & je leur dis » que c'étoit moi qui avois engagé la Tiffot à » fervir ma paffion, que jamais Valdahon ne m'avoit » féduite ; que jamais il ne venoit auprès de moi la » nuit qu'à mon invitation ; qu'il y venoit feul, & » fans armes ; que c'étoit moi qui lui ouvrois les portes » d'entrée & celles de ma chambre «. Voilà ce que je leur avouai ; mais voilà ce que je ne comptois gueres être obligée, après fept ans, de retracer encore. Combien la coupe où vous me forcez de boire eft amere ! La vérité de mes fermens leur fut confirmée par les témoins qu'ils entendirent, & par mes lettres que vous leur produisîtes.

Tandis qu'ils y voyoient que votre fille étoit la plus coupable, que Valdahon avoit plus cédé qu'attaqué, que c'étoit moi qui avois indiqué, provoqué nos rendez-vous nocturnes, combattu ſes refus de s'y rendre, ſurmonté ſon courage à y manquer : vous le donniez, dans vos ſanglans écrits, pour un homme ſupérieur en l'art de corrompre, à force d'intrigues, des cœurs purs. Enſorte qu'au moyen de quelques mots pris d'une lettre & joints à ceux d'une autre, & qu'à l'aide d'interprétations, de rapprochemens, de commentaires ajuſtés tous à votre ſyſtême de ſéduction, mes lettres mêmes devenoient preſque entre vos mains des preuves de ſon audace & de mes craintes, de ſes aſtuces & de ma ſimplicité, de ſes fureurs & de mes réſiſtances. Mais, mon pere, vos fictions ne furent pas plus funeſtes à Valdahon auprès de ſes Juges, que ma ſincérité ne me le fut à moi-même. Ni vos accuſations ne leur firent voir en lui un ſéducteur, ni mes aveux une ſéductrice en moi. Ils ne reconnurent entre nous aucuns des caracteres qui conſtituent la ſéduction. Ce qu'ils virent, c'eſt que nous étions deux mineurs, qui tous deux, brûlés du même feu qui troubla nos ſens, n'avions pû ni les dompter ni nous ſéduire. Ils virent encore que, trop docile à ma voix, Valdahon avoit profané la maiſon de mon pere. C'eſt ſurtout ce délit qu'ils punirent par une peine pécuniaire & par une ab-ſence.

Ce Jugement du Bailliage de Dole vous révolta. Vous traitâtes ces premiers Juges avec un mépris ſans exemple. C'étoit, à vous entendre, des Officiers ſubalternes, incapables de rendre la juſtice. Vous appellâtes de leur Sentence au Parlement de Beſan-çon. Que de mouvemens, que de plaintes, quels efforts, combien d'écrits pour la lui faire anéantir ! Le Parlement la confirma. Auſſitôt vous éclatez avec la même indignation, contre cet auguſte Tribunal. « Il a, dites-vous, enhardi la licence, récompenſé la trahiſon, rompu tout frein, détruit toutes les Loix, invité au crime tous les hommes ». Vous apportez au Conſeil du Prince cet amas d'invectives contre l'une de ſes Cours. Vous vous agitez, cherchant par-tout du crédit, des appuis. Chacun vous repouſſe, vous fuit. Le Conſeil veut voir, fait venir les infor-mations & les charges ; & frappé de la ſageſſe du Jugement qui vous irrite, le laiſſe ſubſiſter & proſ-crit votre demande en caſſation.

Mon pere, pouvez-vous nier ces faits ? Ils ont eu toute la France pour témoin. Dites-moi donc quelle eſpérance vous ramene dans les Tribunaux,

toujours

toujours chargé des mêmes raiſonnemens, des mêmes allégations, qu'ils ont condamnés? Ces artifices, ces mauvaiſes voies, ces intrigues que vous repro-chez à Valdahon ſous mille faces, ne ſont-ce pas des reproches déja formés & confondus? Le Mémoire que vous diſtribuez contre moi, eſt-ce autre choſe qu'une éternelle répétition de vos premiers écrits? Ceux-ci ne contenoient-ils pas ce grand moyen où vous ſemblez mettre vos complaiſances, quand vous dites que mes lettres ſont foi que Valdahon tournoit mes vues vers le mariage? Vous diſiez, & vous le ré-pétez, que les Ordonnances appellent rapt de ſéduc-tion, l'art employé auprès des mineurs pour les con-duire à un mariage, à l'inſçu de leurs pere & mere. Vous ajoutez que j'étois mineure, quand je lui écri-vis des lettres ainſi conçues : *Je vous promets & vous donne ma parole que tant que vous ſereʒ ſans engage-ment de mariage, jamais aucun autre ne ſera maître de ma main. . . . . . . Je ne me ſuis livrée à t'on amour que ſous les ſermens les plus ſacrés. . . . Y a-t-il une circonſ-tance plus affreuſe que celle de ta malheureuſe femme. . . .* D'où vous concluez que la preuve de la ſéduction eſt acquiſe aux termes des Loix.

Voilà donc ce redoutable argument auquel vous croyez qu'il faut que tout cede? Permettez-moi d'a-

* C

bord une réflexion jufte ; c'eft que , fi l'on devient fé-ducteur, en jurant à un mineur, dans des lettres, qu'on veut s'unir à lui , les lettres font de moi , c'eft moi feule qui ai fait le crime. Pourquoi donc le lui im-putez-vous ? D'où vient cet acharnement à le char-ger toujours de mes torts ? N'a-t-il pas affez des fiens ? Et fi je lui laiffois attribuer mes fautes , n'aurois-je pas celle-là de plus ?

Mais je fuppofe qu'il m'eût exprimé le même vœu que j'ai formé. Expliquez-moi maintenant ce que veut dire cette objection étrange, qu'il y a rapt à s'occuper, dans fa faute, du vœu d'un mariage. J'en-tends peu vos maximes légales & vos formes; mais j'ai peine à comprendre comment les Loix fe taifent fur les défordres que nos paffions nous font com-mettre , pour s'élever & févir contre les fentimens honnêtes qui s'y mêlent. Quoi ! le moyen d'être pro-tégé d'elles, fera qu'aucun remord ne trouble le cours de nos excès ! Si l'on fonge , au milieu de fes feux , au but qui les légitime , fi l'on ne perd fon innocence qu'avec le defir de la recouvrer , les Magiftrats in-dulgens pour la faute , s'armeront contre l'intention de l'expier ! C'eft donc à dire que , pour fe mettre à l'abri de leurs coups, il faudra ne joindre à fes éga-remens actuels , aucun fouhait d'un avenir plus pur , n'affoiblir les nuances du vice, par aucune ombre de vertu, s'abandonner au crime en criminel. Jufqu'ici, mon pere, j'avois cru que les Loix civiles ne pou- voient pas défendre ce que preferivent celles de Dieu.

Dites, dites que, fi un homme employoit la force ou l'adreffe pour *parvenir*, car c'eft-là le mot de la Loi, pour parvenir à un mariage avec une mineure, contre le gré de fes pere & mere, ce féducteur feroit puni de mort : cela doit être : l'Edit le porte. Cette Mineure ne pouvoit point difpofer d'elle. Elle n'avoit point, aux yeux de la Loi, le degré de volonté nécef- faire pour confentir feule. Il falloit que l'aveu de fes parens concourût avec le fien. Donc, dès qu'on n'a pu la recevoir que d'eux, l'avoir prife fans qu'ils l'ayent donnée, c'eft la leur avoir ravie ; c'eft leur avoir fait un vol dans la portion de leur propriété la plus chere : & dans ce fens, c'eft un crime public. Mais, comme jamais le crime ne fe préfume, il faut qu'il foit prou- vé, pour qu'il foit puni. On exige donc, ou qu'en effet le mariage ait eu lieu, ou que, du moins, on ait furpris les deux amans occupés de démarches qui y tendoient. Des demandes, par exemple, faites à un Prêtre dans une Eglife, ou un contrat de mariage dreffé, ou des bans déjà publiés, enfin quelque fait extérieur, quelque acte matériel qui imprime au délit l'évidence dont on a befoin pour le pourfuivre : de tels préparatifs font trop réels , trop avérés , pour qu'on faffe grace à l'homme, dont les mauvaifes voies ont conduit jufques-là la mineure.

Ce n'eft pas que vouloir époufer celui auquel elle s'eft abandonnée , ne foit de fa part , une moindre faute, que de continuer avec lui un commerce illicite. Mais c'eft qu'en fe livrant à cet homme , elle n'a fait, après tout, de tort qu'à elle-même. Sa faute, toute grave qu'elle eft, lui eft perfonnelle , ne nuit point à d'autres ; au lieu que fon féducteur, en la déterminant au mariage, a touché au bien d'autrui , a lefé les intérêts des tiers , puifqu'il a dérobé aux pere & mere de cette fille, leur dépôt & leur droit fur elle. Or la Loi, qui s'occupe moins des péchés que des crimes , ne voit dans ces alliances que le larcin fait à l'autorité paternelle, & le réprime comme une infraction à l'ordre focial.

Voilà pourquoi le defir de fe marier, en pareil cas, a beau être, fous les rapports moraux, digne d'une forte d'eftime ; l'exécution de ce defir n'en eft pas moins, fous les rapports civils, repréhenfible. Non que la Loi permette ici ce que la Religion condamne. Car de ce qu'elle défend ces fortes de mariages, ce n'eft pas d.re qu'elle autorife la débauche. Les deux Puiffances ont trop la Vérité pour bafe, pour différer d'intention à ce point. Seulement leurs refforts & leurs objets ne font pas les mêmes. Et de-là vient que, fi une fille entretient de criminelles habitudes avec l'homme qui l'a féduite, c'eft au Miniftre de la Religion à les faire ceffer, en éclairant, en effrayant de fon mieux fa confcience. Mais fi elle n'y veut renoncer, qu'aux conditions d'un mariage clandeftin & contraire au vœu de fes parens, alors les Miniftres de la Loi, moins établis pour veiller fur la paix des confciences, que fur celle de la fociété, ne fçauroient permettre un mariage qui blefferoit les droits paternels.

Il y a même plus : c'eft qu'il eft fi aifé à un féducteur d'engager fon amante au mariage, en lui faifant prendre le vœu de fa paffion pour le vœu de l'honneur, que cette facilité même a dû rendre la défenfe de pareils mariages plus expreffe, & le châtiment des infracteurs plus févere, felon la marche de toute bonne légiflation, qui donne plus d'entraves aux crimes plus faciles.

Mais quand deux jeunes gens ont réfifté à la pente qui les y entraînoit, quand ils ont confervé au fond de leur cœur, ou dépofé dans des lettres fecretes, les fermens que le véritable honneur avoit formés, quand ils n'ont voulu s'en permettre l'exécution qu'à l'âge où les Loix les en rendoient maîtres ; je demande où alors eſt le crime ? En quoi les Loix divines ſont-elles offenſées, puiſque ces deux coupables ont ardemment aſpiré au but deſtiné à conſacrer leur penchant ? En quoi les Loix humaines le ſont-elles, puiſqu'ils n'ont marché vers ce terme, qu'après qu'elles leur ont permis de l'atteindre ? Il me ſemble que la probité qui leur a fait concevoir de tels vœux, & que le courage qu'ils ont eu d'en ſuſpendre l'accompliſſement, ſont deux mérites & deux moyens qui concilient toute eſpece d'intérèt. Par-là ils ont rempli ce qu'ils devoient à Dieu, à la Loi, à leurs parens & à eux-mêmes. Car, ſans doute, vous ne prétendez pas que l'empire d'un pere s'étende juſqu'à marier ſa fille mineure malgré elle-même. Elle a beſoin de ſon aveu, mais il ne peut pas lui donner d'ordre. Si donc elle ne ſçauroit actuellement ſe marier ſans lui, elle eſt maîtreſſe d'attendre l'heure où elle le pourra. Mais dès que cette mineure a le droit de refuſer ſa main à qui lui déplait, peut-elle avoir un plus preſſant motif pour exercer ce droit, que celui de la garder à l'homme qu'elle aime, diſons plus, à l'homme dont ſon honneur dépend ?

Vous voudriez, mon pere, que l'on punît de mort dans les mineurs juſqu'à leurs diſcours ; car ces promeſſes de s'aimer toujours, ces ſermens de n'être point à d'autres, tous ces propos ſi chers aux amans, n'ont-ils pas rempli, de tout tems, leurs converſations & leurs lettres? Ne ſont-ce pas les voiles ſous leſquels ils voudroient ſe déguiſer leurs torts à eux-mêmes? Si l'on eſt ſuborneur à ce prix, quel homme ne l'aura pas été? Peut-on aimer & parler autrement? à moins de ſubſtituer aux expreſſions d'un ſentiment tendre, le langage abject de la débauche. Si ces ſermens, ſouvent perfides, ont été ſans effet, ils ne ſont rien: ſi l'effet qu'ils ont eu, a précédé le tems marqué par les Loix, ils ſont puniſſables: s'ils n'ont produit d'effet que dans leur tems & ſous le ſceau des Loix, ils ſont dignes du ſuffrage des gens de bien. Et voilà quels euſſent été les ſiens, s'il m'en eût fait. J'admire que vous veuilliez toujours infliger des peines à ce qui mérite des éloges; que vous preniez pour les emportemens de la paſſion, ce qui eſt le ſacrifice de la vertu; que vous voyiez le crime, où tout autre verroit un devoir. Le crime feroit, je le répéte, dans la témérité d'avoir fait quelques-uns de ces actes, ſignes ſûrs d'un mariage prochain & conclu. Mais quel Prêtre avons-nous ſollicité? A quel Notaire nous ſommes-nous adreſſé? Où eſt le contrat que nous avons fait? Où ſont les bans que nous voulions faire publier?

» Où ils font » me répondez-vous : » & qu'est-
ce, ma fille, que cet Acte que vous lui fignâtes en
1767, & qui porte en termes formels, *il y a promeffe de mariage &c.* En 1767 étiez-vous majeure ?
Vous ne l'avez été qu'en Janvier 1769. C'est donc
deux ans avant votre majorité que vous lui avez
accordé cette promeffe de mariage. » Vainement
» donc, pour le fouftraire à la rigueur des Loix, di-
» riez-vous qu'il n'a point été coupable de féduction,
» que l'Arrêt du 18 Mai 1764 ne l'a point jugé tel,
» puifqu'il ne l'a condamné ni à la mort ni à l'infamie.
» Son crime, commencé dès-lors, est aujourd'hui con-
» fommé par la date des promeffes de mariage, que
» vous vous êtes faites l'un & l'autre le 20 Février
» 1767. «

Mon pere, ce que j'ai à vous dire me défefpere.
Apprenez-moi où je prendrai des termes qui accor-
dent avec le refpect que je vous dois, la réponfe
que je fuis forcée de vous faire. Démontrer, en ma-
tiere auffi grave, une erreur plus grave encore,
ce m'eft une néceffité auffi douloureufe, qu'il vous
fera trifte de m'entendre. Mais enfin dès que l'honneur m'y force, je vous déclare que le fait que vous
m'oppofez n'eft point véritable. La date que vous donnez à cet Acte eft une date fauffe. Il eft faux que

ce

ce foit en 1767 , tems ou j'étois mineure , que j'aye figné la formule de la proclamation de nos Bancs. C'eft une vérité matérielle & inconteftable que j'ai figné cet Acte en 1769, un mois après ma majorité. Je vous prie d'écouter avec attention des détails, froids peut - être pour tout autre , mais qui font pour vous , je vous le jûre , de la plus extrême importance.

Cet Acte fut fait double par le fieur de Valdahon & par moi. Ces deux Actes furent contrôlés. Ces deux Actes furent fignifiés au Curé de Dole. Ces deux Actes font datés du 20 Février 1769. La date eft fans altération fur l'un comme fur l'autre de ces deux Actes. Ils font revêtus chacun de l'Acte du contrôle du 2 Mars 1769. Ils font tranfcrits tous deux , fous la même date , dans la fignification faite au Curé.

Il eft vrai que le Contrôleur qui en a porté l'éxtrait dans les deux cahiers de fon Regiftre, eft tombé dans une erreur ou involontaire ou méditée, en leur donnant fur ce Regiftre la date du 20 Février 1767. Dès que vous avez fçu que ces actes étoient contrôlés , vous vous êtes fait délivrer un extrait du contrôle. Puis , armé de cette fauffe date , vous avez imprimé dans votre Mémoire que Valdahon m'avoit

D

tellement tenu fous l'empire de la féduction , qu'il m'avoit forcée de lui figner le 20 Février 1767 , par conféquent .dans ma minorité , une promeffe de mariage.

On peut juger de notre étonnement à la nouvelle de cette fauffe date. Nous en fimes demander compte au Contrôleur des Actes. Soit que cet homme voulût réparer de bonne foi une erreur, où il étoit innocemment tombé, foit qu'il craignît les fuites que pourroit avoir une infidélité réfléchie, il vous fit fignifier, ainfi qu'à Valdahon & à moi, un *Dire* où il expliquoit l'erreur, vous requérant de confentir qu'elle fût redreffée.

Nulle réponfe de votre part. Ce filence le détermina à demander au Bailliage de Dole un jugement, qui ordonna devant le Notaire Rabuffon, & toutes parties appellées, un Compulfoire du Regiftre & des Actes.

Nous fûmes affignés tous pour affifter à ce Procès-verbal. Vous fites défaut : ce qui n'annonçoit pas de votre part un grand défir de connoître la vérité. Valdahon fit défaut : quant à lui il le falloit bien, puifqu'il lui eft défendu de mettre le pied dans la Province. Il n'y eut donc que le Contrôleur, le Curé de Dole & moi, qui comparumes à ce Procès-verbal.

Le Curé repréfenta la fommation à lui fignifiée & contenant copie des deux Actes qui commençoient par ces mots, *il y a promeffe de mariage.* L'un portoit *fait à Paris le 20 Février 1769*, figné *Jacques-Marie le Beuf, contrôlé, &c.* L'autre portoit *fait à Dole le 20 Février 1769.* Signé *Jeanne-Antoinette-Gabrielle de Monnier, contrôlé, &c.* Ces deux Actes furent tranfcrits en entier fur le Procès-verbal.

Je repréfentai à mon tour les originaux de ces deux Actes, fignés de Valdahon & de moi, datés du 20 Février 1769 & revêtus de l'Acte du contrôle de la même année.

Enfin le Contrôleur déclara que c'étoit- là les feuls & mêmes Actes qu'il eût contrôlé le 2 Mai 1769. Il fit obferver que, s'il avoit contrôlé le même jour, des promeffes doubles de 1767, conjointement avec celles de 1769, il y auroit quatre articles fur fon Regiftre, tandis qu'il n'y en avoit que deux.

Enfuite ces deux Actes furent cottés & paraphés tant par le Notaire Rabuffon que par le Contrôleur lui-même, avec affirmation de fa part de n'en avoir point contrôlé d'autres. Puis ce Procès-verbal vous fut, mon pere, fignifié comme à nous.

D ij

Ce sont donc deux vérités incontestables, que jamais je n'ai fait de promesses de mariage à Valdahon dans ma minorité, & que celles que nous nous sommes réciproquement faites & qui ne sont autre chose que la formule de la proclamation de nos Bans, je ne les ai faites qu'étant majeure depuis un mois.

Maintenant que vous ne pouvez plus soutenir le contraire d'une vérité de fait démontrée, hésiteriez-vous un seul instant, à désavouer la portion de votre Mémoire, qui porte sur un faux ? à montrer toute l'aversion que l'emploi d'un pareil moyen vous inspire ? à frémir du profit que vous étiez prêt d'en tirer ? Car plus on pense à la maniere dont ce changement de date servoit vos plans, plus on pense qu'il vous importe de vous rétracter hautement. Sans cette date, en effet, qu'aviez-vous à dire de nouveau ? Cette date est le seul pivot sur lequel tourne tout votre ouvrage. Tout ce qu'on y voit d'ailleurs, étoit détruit par trois jugemens. Il étoit irrévocablement décidé que nos minorités n'étoient marquées à aucun des signes où la Loi voit la séduction. Mais tandis que vous vous affligez de l'avantage que ces Arrêts m'assurent, un homme survient, qui, par un chiffre, ranime votre espoir, vous rend la voix & vous fournit enfin ces preuves de féduction tant fouhaitées, & qui vous manquoient.

Je fuppofe (car je ne veux rien outrer, & n'ai garde d'imputer un crime à qui peut ne l'avoir pas commis) je fuppofe que cet homme eût changé la date à deffein : je fuppofe que donnant enfuite à cette date une valeur extrême, les Juges euffent pu renouveller l'affaire, euffent déclaré Valdahon fuborneur, l'euffent fait périr ; & que le Contrôleur fût venu vous demander fon falaire à peu près en ces termes : » Vous, dont les malheurs m'affligeoient ; s'ils ont ceffé, fi le fang de votre ennemi a coulé, je vous confie que c'eft mon ouvrage. Le vôtre fera d'apprécier le fervice. Je me fuis pénétré de vos fureurs. J'ai haï Valdahon autant que vous-même. Mais ce que vos monceaux d'écrits n'avoient pû faire, un trait de ma plume l'a exécuté. Vous vous borniez à dénaturer des faits innocens. Moi, je lui ai créé un vrai crime. Une occafion heureufe s'eft offerte. J'ai profité de la confiance que ma place & & mes fermens me méritoient de la Juftice, pour reporter à la minorité de votre fille, des actes qu'elle a fignés étant majeure ».

Quel langage ! mon pere. L'entendriez - vous fans frémir ? Ne gémiriez - vous pas de ne pouvoir rappeller Valdahon à la vie ? Ou du moins la joie de la mort ne feroit-elle pas troublée par l'horreur du crime qui l'auroit caufée ? « Malheureux, diriez-vous, qu'ai-je fait qui t'autorisât à me croire une ame auffi atroce, qu'à toi-même ? L'intérêt de mon honneur me faifoit pourfuivre un coupable. Et quand il meurt, tu m'apprends fon innocence, ton crime & mon opprobre. Etrange zèle ! qui me couvre de honte, quand j'employois tout le mien à m'y fouftraire. Et tu m'ofes vanter tes deux crimes ! Tu voudrois, meurtrier & fauffaire, m'y affocier par l'hommage que tu m'en fais ! Quel prix comptes-tu d'en avoir ? N'en attends d'autre, que de payer fa mort de la tienne ».

Sans doute que vous répondriez de la forte, & plus fortement encore. Hé bien, mon pere : je veux qu'on fache que vous diriez ces chofes. Oui je le veux : il en eft befoin : croyez-moi. Car pourquoi vous cacherois-je la crainte qui m'agite ? Je vois les hommes s'abandonner dans leurs actions, à tant d'excès, que j'ai bien peur qu'ils ne mettent le même excès dans leurs opinions. Que fi quelqu'efprit incrédule à la fingularité du hafard, qui a produit cette date fi chere à vos vûes ; fi quelqu'homme indigné de la violence de vos vœux & de vos prodigieux efforts pour faire mourir Valdahon , alloit les rapprocher dans fa penfée , de cette maxime connue , « que le crime part de celui à qui il profite » , & qu'il osât appuyer là - deffus la conjecture que ce chiffre fût le fruit d'un complot où vous-même. . . . . . . Ah ! mon pere , fi j'entendois le calomniateur , de quelle ardeur vous me verriez me jetter entre vous & lui ! Avec quelle force je repousserois ces foupçons ! Vous êtes moins acharné à ma perte , que je n'aurois de zèle à vous défendre. Je montrerois que jamais aucune de vos actions ne porta d'empreinte humiliante: que vous êtes connu dans nos Provinces par des mœurs pures , par une conduite dévote & pieufe : que le fiel & la haine entrerent, il eft vrai , dans votre ame ; mais que l'intervalle des paffions aux crimes eft immenfe : qu'il feroit affreux de foupçonner un Magiftrat , qui jugea toujours , avec équité , les procès des autres : enfin tout ce que l'intérêt de votre réputation compromife me pourroit fuggérer de plus vif , je l'emploierois à éloigner de vous l'idée du double crime , foit d'avoir eu part à un faux , foit d'avoir fait valoir un faux , fciemment & contre votre confcience.

Mais aidez moi ; je ne puis rien feule : hâtez-vous. Non que je vous propofe de vous abaiffer jufqu'à

proteſter d'une innocence, que perſonne n'attaque.
Ne ſuppoſez point des outrages qui ne vous ſont pas
faits. Seulement prevenez-les avec prudence & avec
dignité. Prévenez, il en eſt temps encore, cette inſ-
cription de faux, que vous nous réduiſez à former.
Reconnoiſſez publiquement l'erreur, où celle du
Contrôleur vous a fait tomber. Rayez de vos propres
mains, une date faite pour ſouiller un Ecrit, qui déjà
vous nuit aſſez, ſans elle. Mais, mon pere, cette
date une fois rayée, que vous reſte-t-il ? Rien.

Daignez ſuivre à préſent des raiſonnemens que,
malgré votre trouble, je veux vous rendre palpa-
bles à vous-même. C'eſt parce que les Loix regardent
comme ſéducteurs, ceux qui parviennent, à force
d'artifices, à épouſer des mineures, à l'inſçu de
leurs pere & mere, que Valdahon s'eſt gardé de
chercher à m'épouſer mineure, à votre inſçu : &
c'eſt parce que Valdahon s'eſt comporté de la
ſorte envers moi, que les Loix l'ont ſouſtrait à
vos coups, quand vous le leur avez déféré comme
un ſéducteur. Mais dès que, depuis l'époque où ils
ont jugé qu'il ne l'étoit point, il n'eſt ſurvenu aucun
nouveau fait de ſéduction; il n'eſt donc pas plus ſéducteur à préſent qu'il ne l'étoit dans ce temps-là.
Il n'a donc pas plus encouru la ſeconde peine des

Loix,

Loix, qui eſt la défenſe de m'épouſer, qu'il ne mé-
ritoit, alors, la première, qui étoit le ſupplice. C'eſt
donc à moi à reſſaiſir entre vos mains ces Ordonnances, ces Déclarations, ces Edits, toutes ces Loix
que vous m'oppoſez, quoiqu'elles vous condamnent:
comme ſi votre art à les citer pour vous, ſuffiſoit
pour faire accroire à leurs Miniſtres, qu'elles ſont
contre moi. Quelle opinion il faut que vous ayez des
lumieres & de la ſcience de nos Juges! Qu'ils ayent
oublié ce que vous avez dit d'eux dans vos Mémoires,
cela peut être, & je le ſouhaite : mais oublieroient-
ils ce qu'ils ont jugé contre vous ? Pourquoi donc
frapper encore des mêmes cris, ces voûtes qui
retentirent de tant d'acclamations, lorſqu'ils ſau-
verent à Valdahon l'honneur. Sont-ce les Loix ?
ſont-ce les Juges que vous eſpérez qui ont changé ? Ne
l'attendez ni de celles-là ni de ceux-ci. Vainement
votre Ecrivain tente d'ébranler les unes ſur leur propre Autel, en dénaturant les textes : vainement il
tente de tromper les autres, en répandant de faux
Mémoires. Rien ne prévaut contre la Vérité. Elle eſt
immuable dans tous les lieux, dans tous les temps.
Ce n'eſt point elle qui doit céder à vos intérêts : c'eſt
à eux à plier devant elle. Ce n'eſt guere en l'outra-
geant ſans ceſſe, que l'on ſe juſtifie de trop haïr. On

E

eſt plûtôt deux fois coupable, d'avoir, avec tant de haine, ſi peu de ſincérité.

Je le dis donc, puiſqu'il le faut dire. Vous avez pû me perſécuter, me deshonorer, me rendre la plus malheureuſe des filles. Mais vous ne pouvez point rendre mes Juges aveugles. Vous ne pouvez point empêcher les faits d'être ce qu'ils ſont. Vous ne pouvez point changer l'ordre établi par les loix. Trouvez en, qui défendent à deux mineurs, dont l'un n'a point ſuborné l'autre, d'épurer au flambeau de l'hymen, des libertés trop tôt priſes ou accordées. Trouvez-en qui, conſacrant la vanité, la perfidie & l'inconſtance, ordonnent à un jeune homme, d'inſulter par l'abandon & l'oubli, au deshonneur de celle dont il a joui. Trouvez-en, qui interdiſent à une fille qui a été foible, tout effort & tout eſpoir de retour vers l'eſtime des hommes. Trouvez-en, qui commandent aux peres de mieux aimer à être peres de filles proſtituées, que d'épouſes vertueuſes.

Mais juſques-là reſpeɛtez celles qui nous gouvernent. Reſpeɛtez les Magiſtrats qui les font obſerver. Et, au lieu de redire toujours » qu'en homme inſtruit vous ne pouvez point conſentir à mon mariage » écoutez, mon pere, les Juges d'un Bailliage eſtimé, un Parlement auguſte, le ſuprême Conſeil du Prince, tous les Ordres de la Magiftrature, qui vous répetent unanimement avec moi : ,, en homme inftruit vous le pouvez ,,.

SECONDE PARTIE.

,, En homme d'honneur je ne le dois pas ,,. Voilà, mon pere, votre feconde propofition : & voici vos moyens. ,, Chez les Romains, dites-vous, ,, ce n'étoit pas feulement à l'efclave, qu'une fille ne ,, pouvoit point donner fa main, fi elle étoit fille ,, de Sénateur; fon mariage eût été nul avec un ,, affranchi, avec le fils d'un négociant, avec toute ,, perfonne enfin dont l'alliance n'eût pas été hon- ,, nête ,,.

Qu'ont de commun en ceci les Romains & moi ? ,, C'eft, ajoutez-vous, que les loix Romaines ont ,, été remifes en vigueur par les Ordonnances de nos ,, Rois ,,. Mon pere, rien n'eft moins vrai que cette affertion. Il n'eft point vrai que les Ordonnances de nos Rois ayent remis en vigueur les loix Romaines, qui déclaroient nulles les alliances mal afforties.

Après avoir avancé que les loix Romaines, prohibitives de ces fortes d'alliances, *étoient remifes en vigueur par les difpofitions de nos Ordonnances*, vous ajoutez tout de fuite ,, qu'un des mo-

» tifs des difpofitions de celle du 19 Décembre 1639
» avoit été *d'arrêter le cours du défordre qui trou-*
» *bloit le repos de tant de familles, & flétriffoit leur*
» *honneur, par des alliances inégales, fouvent hon-*
» *teufes & infames* «. Il faut convenir qu'à la lecture
d'un raifonnement ainfi préfenté, on fe croiroit fûr
de tenir à la fois, & le motif & la difpofition de l'Ordonnance de 1639. Cependant tout ce que cette loi,
occupée en effet dans fon préambule, d'arrêter les
défordres caufés par des alliances honteufes, a cru
devoir donner d'entraves à ces alliances, c'a été
d'empêcher qu'elles ne fuffent formées avant 25 ans.
Elle a voulu que ceux ou celles qui les formeroient
avant cet âge, fuffent foumis à l'exhérédation de leur
pere & mere. Elle n'a ordonné rien de plus. Affuré-
ment, mon pere, voilà une difpofition bien éloignée
de celle que vous lui prêtez, quand vous dites qu'elle
fait revivre les loix Romaines, qui déclarent nulles
ces fortes d'alliances. La différence de ce qu'elle dit à
ce que vous lui faites dire, confifte en ce que d'après
vous, elle mettroit un éternel obftacle à mon mariage ; au lieu que d'après elle-même, mon droit eft
affuré, elle eft mon titre pour me marier. Je fens
avec douleur tout ce que cette réfutation a de
fâcheux pour vous. Puis-je cependant l'interrompre,
quand vos erreurs continuent !

Vous n'êtes pas plus exact fur l'Edit du mois de Mars 1697. C'eft toujours après avoir dit que les Loix Romaines, qui défendoient les méfalliances, *étoient remifes en vigueur par nos Loix*, que vous ajoutez qu'un des motifs de la difpofition de l'Edit de 1639, étoit » d'empêcher ces conjonctions malheureufes, qui flé- » triffoient l'honneur des familles par des alliances fou- » vent plus honteufes par la corruption des mœurs, » que par l'inégalité des naiffances ». Il femble qu'après cela, il n'y ait plus qu'à prouver que Valdahon a des mœurs corrompues & une naiffance inégale à la mienne, pour lui appliquer la défenfe de m'époufer, exprimée dans la difpofition de l'Edit. Cependant, lorfqu'on lit la difpofition de cet Edit, on n'y trouve pas un feul mot de cette défenfe prétendue. Il n'eft queftion que des formalités qui doivent être obfer- vées dans les mariages. Louis XIV y dit, « que les » Conciles ayant prefcrit la préfence du propre » Curé, les Rois fes prédéceffeurs ont autorifé ce » Réglement fage & qui pouvoit contribuer à em- » pêcher ces conjonctions malheureufes qui troublent » le repos & flétriffent l'honneur de plufieurs fa- » milles, &c. » Qu'a de commun le difpofitif de cette Loi, avec les Loix Romaines qui défendoient la méfalliance? Je défie l'œil le plus perçant d'y entrevoir le moindre rapport. Mais quoi ! parce que votre implacable reſſentiment vous fait croire que l'alliance de Valdahon eſt pour moi une alliance honteuſe & qui flétrit l'honneur de votre famille, il ſuffit que vous rencontriez dans le préambule d'une Loi quelleconque, ces expreſſions *d'alliances honteuſes & flétriſſantes*, pour que vous vous empariez de cette Loi, vous en changiez la diſpoſition, vous en tiriez des conſéquences & des réſultats tout oppoſés aux ſiens, & qu'enfin vous me l'objeétiez comme une Loi ennemie, quelqu'étrangere & même quelque favorable qu'elle me ſoit ? En vérité, mon pere, c'en eſt trop : & la licence que votre Ecrivian prend eſt ſans exemple, de détacher quelques mots de différentes Loix, de raprocher les matieres les plus contraſtantes, de confondre indiſtinétement tous les tems, de mêler la France avec Rome, pour joindre au préambule d'une Loi Françoiſe, un diſpoſitif de Loi Romaine contraire à celui de la nôtre ; & tout cela pour forger, à la faveur de combinaiſons ſi biſarres, un ſyſtême d'inégalité proſcrit par nos Loix, & cependant donné par lui pour être leur ouvrage. Non, jamais le Légiſlateur le plus appliqué à méditer & à créer des Loix pour le bonheur des hommes, ne s'y eſt donné plus de peine, que vous n'en avez pris à les détruire, pour perfécuter votre fille. Ecoutez donc : & puif-qu'il faut qu'elle vous inftruife de ce qu'elle de-vroit tenir de vous-même , a٤ prenez quels font fur ce fujet les vrais principes.

Les Romains n'ont point permis aux races Patri-ciennes de fe mêler au fang des affranchis. Quant à nous, nous rejettons dans nos mariages ces différences de conditions. L'empêchement de dignité qu'ils avoient introduit chez eux, n'eft point reçu en France. L'in-clination de la nature étant , ou du moins devant tou-jours être le principal motif du mariage , ce rapport de droit naturel nous a fait conferver aux nôtres l'é-galité originaire qui précéda les diftinctions fociales. D'ailleurs, le Chriftianifme ayant élevé parmi nous le mariage à la dignité de Sacrement, ce rapport de Re-ligion nous a fait encore trouver tous les hommes égaux pour ce contrat. De-là, la maxime que dans nos mœuts, chacun peut époufer qui il veut. Les mé-falliances les plus flétriffantes, celles qui font fcandale, celles que les Loix font forcées de punir, ne font ni défendues , ni attaquables quand elles font formées. Toute la peine qu'on impofe à des femmes de diftinc-tion , qui n'ont pas rougi de fe dégrader jufqu'à def-cendre dans la couche de leurs valets , c'eft de les interdire de leurs biens & d'annuller leurs donations.

C'eſt ce queporte l'article 182 de l'Ordonnance de Blois.

Si donc nos Loix Françoiſes n'ont point placé la méſalliance au rang des empêchemens dirimans, ce n'eſt pas qu'elles n'ayent enviſagé , l'inconvénient & le danger des mariages ignominieux. Mais pourquoi ont-elles fait des diſpoſitions ſi contraires à celles des Romains ? C'eſt que, plus ſages que ces dernieres, elles ont reconnu que le premier des droits de l'homme étoit celui de diſpoſer de ſa perſonne : qu'il étoit juſte de veiller ſur l'uſage qu'il feroit de ce droit : mais qu'il ſeroit injuſte d'enchaîner pour toujours ſa liberté , quelqu'uſage qu'il en voulût faire : que ſans doute la plûpart en abuſeroient ; car les ſages forment-ils jamais le grand nombre ? mais qu'enfin Elles n'étoient pas faites pour traiter les torts comme les crimes : qu'elles ne pouvoient regarder comme hommes ſans honneur , que ceux à qui elles - mêmes l'avoient fait perdre : que les morts civilement devoient être à leurs yeux, les ſeules perſonnes incapables de contraƈter : qu'à prendre le mot *honneur* dans l'acception vague du procedé, de l'opinion, & des convenances, ces nuances ſeroient trop arbitraires, pour devenir la meſure des Loix. Car, par exemple, eſt-il ſi

ſûr

fûr que la difparité de rang donne des torts à ceux qui s'uniffent ? Pourquoi les Loix interdiroient-elles à un homme nouveau , mais grand de fa propre valeur, l'ambition d'afpirer à une main illuftre, que lui tendroit une femme fenfible à fes vertus & à fa gloire ? Seroit-ce parce qu'il manque d'ayeux ? Mais que font des ayeux à l'ordre public, qui eft l'unique objet des Loix ? Ce n'eft pas cependant, mon pere, que j'aye ici le moindre intérêt à plaider pour les méfalliances. Si j'ai attaqué vos principes, c'eft uniquement parce qu'ils font faux en eux-mêmes. Car, que m'importeroit que , dans le droit, les mariages inégaux & dèshonnêtes fuffent défendus, puifqu'on va voir que, dans le fait, Valdahon eft mon égal, & que fon alliance eft la feule que je puiffe former honnêtement. Mais je demande fi j'aurois dû laiffer parmi les hommes le monument plein de fophifmes, de paradoxes qu'on vous a fait foufcrire? N'ai-je pas déja affez offenfé le Public par mes actions, fans que je lui nuife encore par des Ecrits , où l'Auteur de votre Mémoire a renverfé , à mon fujet , toute raifon, toute vérité , toutes Loix. Si fûrement défendue par elles , j'ai cru devoir les défendre à leur tour. D'ailleurs, je n'en difconviens pas ; j'éprouve tant de dégoût & de répugnance à aborder la queftion

F

des faits, que j'ai différé, autant que je l'ai pû, l'inftant de ce nouveau combat. Mais ô douleur! ô moment affreux! ah mon pere! dans quel état vous vous offrez à moi! Que ne puis-je changer ici ma plume en un voile, pour cacher votre yvreffe!

Un homme dont l'ame eft grande & fiere, mais dont le refpeɛt pour vous égala toujours la valeur, a jetté fes armes à vos pieds; & pour prix du facrifice, vous vous précipitez fur votre proie; & quand il quitte avec vous l'épée, que le Prince remit dans fes mains, pour défendre l'Etat & fon honneur, c'eft avec le glaive confié aux vôtres pour venger les meurtres, que vous cherchez à l'égorger; c'eft fous le dépôt facré de nos loix que l'innocent alloit être écrafé, fi je n'euffe arrêté votre bras. Mais dépouillé de cette arme homicide, qu'y fubftituez-vous? Que vous fait-on dire? Des faits faux. Réfutons-les.

L'année derniere, des Gardes de contrebande faifirent du fel à un Payfan, dans le voifinage de Lons-le-Saulnier. Un Cavalier du Régiment de Royal-Normandie, qui étoit en femeftre, voulut prêter fe-cours au Payfan. La querelle s'engagea. Le Cavalier donna plufieurs coups à un des Employés, qui mou-rut quelques tems après. Ce Cavalier fut arrêté, condamné & exécuté. Il fe nommoit Philibert Bœuf.

C'en eſt aſſez : cette parité de noms vous ſuffit : votre cœur palpite de joie ; & voilà Valdahon parent d'un pendu. » Le Cavalier a dit lui-même qu'il » l'étoit « , publiez-vous d'un ton ferme : & ce fait eſt faux , & nous avons le certificat du Major de ſon Régiment , que Bœuf, Cavalier , a déclaré qu'il n'appartenoit de près ni de loin, à la famille de Meſſieurs le Beuf de Valdahon. » Leur origine , ajoutez-vous , » eſt commune : tous deux étoient originaires du » village de Cenſeau «. Et ce fait eſt faux : il y a preuve littérale du contraire. La famille du condamné eſt établie depuis les tems les plus reculés au village de Rufey. Rufey eſt en pays bas de Breſſe : Cenſeau eſt en haute montagne. Ces deux Villages ſont ſéparés par douze ou quinze lieues. Nous produirons l'extrait de la généalogie des deux familles , afin qu'on s'aſſure par ſoi-même , qu'il n'y a abſolument aucune eſpece de liaiſon entre elles. Que conclure d'une reſſemblance de nom ? Croyez-vous , mon pere , que ſi l'on feuilletoit les Greffes criminels , on ne trouvât aucun coupable qui eût porté le même nom que nous ? Voudriez-vous qu'on en conclût qu'il nous fût parent ?

Je ſçais que vous n'aſſurez point que Philibert Bœuf fut parent du ſieur de Valdahon. Vous dites feulement qu'on doit le préfumer. Ce confeil que vous donnez aux Juges & au Public, eft honnête. Les loix portent, que c'eft en faveur du bien qu'on préfume. Mais il eft dit que votre Mémoire a déclaré aux loix une guerre éternelle. Remarquez pourtant combien Elles nous fervent en défendant les préfomp-tions facheufes. Car, répondez : trouverions - nous bon, vous & moi, qu'au moment où votre infcrip-tion de faux vous fera reculer, & donnera à la Pro-vince l'étrange fpectacle d'un chef de Cour Souve-raine forcé, par l'appareil d'une inftruction crimi-nelle, de lâcher prife, on préfumât que ce faux vînt de vous ? Voudriez-vous qu'on prefumât que, pour avoir un prétexte de rentrer en lice, vous l'aviez concerté avec le Contrôleur, fauf à vous en défifter, quand l'effet de la calomnie auroit été généralement répandu ? Mon pere, n'éveillons dans perfonne l'en-vie de préfumer.

Mais, en deux mots, Philibert Bœuf n'appartient pas plus à la famille de Valdahon qu'à la mienne : il n'eft pas plus fon parent que le vôtre : ce n'eft ni la même famille, ni la même origine. Vous dites que c'eft à lui à prouver qu'il n'eft point parent. Cette propofition eft nouvelle. On prouve l'exiftence d'un fait : mais prouver qu'un fait n'exifte pas, cela eft moins facile. Jamais, en bonne logique, on n'exigea la preuve d'une négation. De plus, selon les Loix, c'est celui qui accuse, qui s'impose le fardeau de la preuve. Le défi que vous lui portez d'en produire, est étrange. Ce n'est point récriminer, que de vous rétorquer ce défi.

Quant à l'affaire du sieur Miery dont Valdahon n'est point parent, mais avec qui je conviens qu'il a une alliance par la sœur de sa mere, je ne puis que répéter ce qu'il vous a lui-même répondu.

Loin de dire que cet homme ait été condamné, on ne peut pas dire qu'il ait été coupable. En effet, le Jugement a été rendu par contumace. Or quand un homme meurt avant le tems que la Loi lui donnoit pour la purger, il est réputé mourir innocent. Un principe d'équité naturelle fait présumer que, si cet accusé eût vêcu, il se seroit représenté, & auroit fait tomber toute accusation. Il y a plus : le sieur Miery n'est pas seulement mort avant le tems qu'il auroit eu pour purger sa contumace ; il est mort avant même que l'affaire où il étoit enveloppé ait été jugée. Or, c'est encore une maxime bien connue, que la mort d'un accusé qui décede avant le Jugement, éteint le crime. Si par erreur, on condamnoit un homme décédé, la condamnation seroit nulle & regardée comme non avenue : & quiconque auroit la lâcheté d'abuſer de la méprise du Juge pour deshonorer la famille du défunt, pourroit être pourſuivi lui-même.

Demandera - t - on où eſt la preuve que Miery n'exiſtoit plus lors de l'Arrêt? Ma ſource ne ſera pas ſuſpecte. Je vous cite, mon pere, l'ordre envoyé par le chef même de la Juſtice le 27 Octobre 1743 à M. de Vanoles, Préſident de la Commiſſion, pour l'infor- » mer que Miery *étant mort avant le jugement*, il fal- » loit ne le pas comprendre dans le nombre de » ceux qu'il avoit jugés par contumace, & ne pas » faire mention de ſa condamnation, *qui doit être*, ajoute M. le Chancelier, *regardée par ſa mort*, » *comme caduque & non avenue*. De quel nom eſt ſigné cet ordre, qui a été joint à la procédure ! Combien l'idée des vertus qu'un ſi grand nom rappelle, contraſte avec les idées que vos efforts font naître. Le fait que vous déniez, c'eſt l'illuſtre Chancelier d'Agueſſeau qui l'atteſte. Que le Public choiſiſſe entre ſa lettre & vos mémoires.

Mais c'eſt trop m'occuper de la deſtinée de ce ſieur de Miery. Qu'il ait été innocent ou coupable, que m'importe ? Valdahon n'a jamais appartenu à cet homme-là. Le même ſang n'a jamais coulé dans leurs vaines. Que s'il étoit permis aux hommes d'aller ainsi portant, de proche, en proche l'inquisition & la censure sur les parens de leurs parens, bien des familles honorables n'auroient pas, comme lui, l'avantage de ne s'entendre reprocher que des faussetés.

Mais si l'indifférence m'est permise sur les offenses faites à un homme presque étranger à celui que j'aime, puis-je être insensible aux outrages que Valdahon vous voit répandre sur la mémoire de son propre pere? Eh quel pere! grand Dieu! Que de maux le Ciel m'eût épargné, s'il eût donné au mien les mêmes qualités. A Dieu ne plaise que je croye votre probité inférieure à la sienne. De quelqu'estime qu'il ait joui, quelle qu'ait été sa réputation, la vôtre ne lui cede en rien, je le sçais. Mais ce n'est pas sa probité seule qui l'a rendu cher aux gens de bien. La bienfaisance étoit en lui un sentiment profond, qui le distingua toute sa vie, du commun des hommes. Ouvrez les Registres de Pontarlier, où est gravé le souvenir de ses actions de bonté & de patriotisme. Ses Concitoyens ont reçu de lui des services, dont ils lui ont payé le digne prix, dans des monumens où ils l'ont transmis à la postérité, sous l'heureux titre de bienfaiteur de sa patrie. Voilà, mon pere, comment il est beau d'y passer,

& non par de fanglans écrits, qui humilient l'huma-
nité & qui affligent la nature.

Ce volontaire & précieux tribut qu'il obtint de
la reconnoiſſance publique, lui fit des ennemis puiſ-
ſans. Ce fut vers ce tems que trop de confiance de
ſa part dans un Commis qui en abuſa, le mit dans le
cas de pourſuivre cet homme. L'affaire fut portée au
Parlement de Dijon. Le Préſident le Beuf y fut jugé
reſponſable des fautes de ſon Commis, & condamné
en une amende envers le Roi. En mourant il pardon-
na tout : ſeulement il ordonna à ſon fils de réparer
l'échec qu'il venoit d'eſſuyer.

Des Lettres de réhabilitation n'étoient pas
néceſſaires ſur une amende, qui ne portoit pas
note : cependant l'amertume avec laquelle vous
reprochâtes, il y a quelques années, cet Arrêt à
ſon fils, détermina celui-ci à employer des précau-
tions, même ſuperflues, pour ſçavoir ſi en effet quelque nuage obſcurciſſoit la réputation de ſon pere.
Ce fut au Roi qu'il s'adreſſa. Le Conſeil ſe fit repréſenter la procédure. Et après l'avoir examinée, Sa Majeſté
reconnut & déclara qu'il n'y avoit rien à reprocher
au Préſident le Beuf ; qu'il n'avoit en conſéquence
aucun beſoin de Lettres de réhabilitation, & qu'auſſi
ne lui accordoit-il, *qu'en tant de beſoin*, des Lettres

non

non de grace *, comme vous les appellez, mais de juftice, comme on le voit par leur énoncé même, & par la cire jaune dont elles font fcellées.

Mais un point effentiel, & fur lequel je prie qu'on s'arrête, c'eft que ces Lettres font en même-temps des Lettres d'honneur, où le Prince a daigné reconnoître lui-même la fatisfaction qu'il a eu pendant près trente ans des fervices du Préfident le Beuf, dans fes deux charges de Confeiller & de Préfident en votre Cour. Je crois, mon pere, qu'un témoignage fi authentique, & des bontés du Maître, & des qualités du Sujet, auroient dû vous fermer la bouche. Vous appellez pourtant ces Lettres d'honneur un parchemin inutile, dont vous vous étonnez que votre fille ait fait parade, puifqu'il n'eft point enregiftré au Parlement où le Roi l'avoit adreffé. Il eft vrai qu'un Militaire qui fent l'honneur dans fon cœur, connoît moins que vous, le prix d'un papier. Peu fait pour fe perfuader que la réputation de fon pere & la fienne puffent dépendre de formes qu'il ignoroit, il avoit négligé, je l'avoue, cet enregiftrement dont vous lui reprochez fi violemment le défaut : mais dès que votre nouveau Mémoire lui eut montré fes torts, il courut à Dijon les réparer. Ce Mémoire l'y avoit devancé : vous vous flattiez de prévenir les efprits contre lui : mais la lecture que le Parlement en avoit faite, n'a rendu l'enregiſtrement de ſes Lettres que plus facile.

Quelle reſſource reſte-t-il encore à votre Ecrivain pour calomnier la mémoire du plus honnête & du meilleur des hommes ? A-t-il compté que les outrages faits au pere, ſouleveroient contre le fils, le Corps où il a l'honneur d'être ? Que veut dire cette affectation, d'avoir rempli l'Hôtel des Mouſquetaires de Mémoires, ſur une affaire qui ſe plaide & juge à Beſançon. Vous flattez-vous que ſon Corps qui entend répéter, depuis tant d'années, des imputations auſſi odieuſes que fauſſes, leur prête enfin une oreille plus attentive. Par quel enchantement auroit-il rendu ſourd, juſquà ce moment, ce Corps illuſtre ? Ou ſeroit ce, qu'illuſtre autrefois, il n'a plus les mêmes ſentimens ? N'eſt-ce plus l'école des Héros ? N'eſt-ce plus là que leurs ames s'exercent à n'aimer que la gloire, à ne vivre que pour l'honneur, à déteſter le menſonge, à s'indigner des paſſions baſſes, à reſpecter la réputation des autres, à s'enflammer au récit des hauts faits, à brûler du deſir de les ſurpaſſer par les leurs, au prix de tout leur ſang ? Sont-ils changés ? Sont-ils déchus de leur brillante inſtitution ? Mon pere, gardez-vous de le croire : ne prononcez point ce blaſphême. C'eſt parce qu'ils font les mêmes , c'eft parce qu'ils chériffent avant tout l'honnête & le vrai , qu'ils ont approfondi vos délations ; & que jugeant entre vous & lui , ils l'ont vengé de votre haine par plus d'attachement , de fes malheurs par plus d'intérêt, de vos injures par plus d'eftime.

J'ai dit, parce que c'eft le vrai, que fi Valdahon eût eu un pere coupable, il auroit pû , felon les loix civiles, entrer dans ma famille. J'ajoute , parce que c'eft le vrai , que fi Valdahon fût né d'un tel pere, il n'auroit pû , felon les loix de l'honneur , refter dans fon Corps. Et quand fon Corps l'a confervé, c'eft de ma famille qu'il eft exclus. N'eft-on plus fait pour elle, quand on eft d'un Corps dont l'honneur eft l'ame ? Pardonnez, afyle noble & pur des plus chers enfans de la Nation , fi je ne me fuis pas contentée d'oppofer votre Jugement aux plaintes de mon pere. Votre Arrêt les foudroyoit toutes. Eh ! qui en fent mieux que moi tout le prix ! Qui peut partager comme moi, la reconnoiffance des bontés dont vous honorez ce que j'aime ! Mais n'enviez point à la plus infortunée des filles d'avoir trompé , un moment, fes fouffrances par l'éloge d'un pere jufte & tendre.

Où font donc, mon pere , ces flétriffures , ces gibets, ces roues dont vous entouriez l'homme que vous brûlez de l'envie d'y placer? Quel Mémoire on vous a fait ſigner! Tout ce que l'Ecrivain s'y eſt permis, ſont-ce les fruits d'une imagination allumée, qui réaliſe ce qu'elle ſouhaite? Ou ſont-ce les fruits d'un déſeſpoir qui affirme, pour dernier effort, ce qu'il ſçait ne pas être? Mais qu'ils viennent ou de délire, ou de fureur, ou de tous deux enſemble, dès que la Vérité s'eſt montrée, les fantômes ont diſparu. Les torrens de fiel, les flots d'injures ont frappé contre Elle, comme ceux de la mer, qui vainement murmurent, grondent contre le roc qui les briſe.

Mais, mon pere, puiſque Valdahon eſt né Gentilhomme, eſt né d'un Préſident de votre Cour, & qu'il n'a nul parent qui terniſſe cette honnête origine, pourquoi ne pas vouloir m'unir à lui?

« Quoi! c'eſt, vous écriez-vous, le ſieur le Beuf, » coupable envers moi d'une injure atroce, d'un ou- » trage cruel, c'eſt cet ennemi déclaré qu'on oſe me » propoſer pour gendre? On voudroit me forcer à re- » cevoir dans le ſein de ma famille, un homme que j'au- » rois le droit d'en arracher pour cauſe d'injure & d'in- gratitude ». Quant aux injures, je vois celles dont vous l'accablez. Quant à l'ingratitude, je ne vois pas la reconnoiſſance qu'il vous doit. Mais je n'interromprai plus vos clameurs: voici comment vous continuez. » On

» pourroit forcer un des premiers Magiſtrats de la
» Province à donner ſa fille à un homme, retranché
» du nombre des Citoyens : on pourroit obliger un
» pere à expatrier ſa fille pour la marier à un con-
» tumax, à un accuſé encore ſous le glaive de la
» Juſtice, qui peut être ſaiſi au corps, mis dans les
» fers, jugé de nouveau, condamné au dernier ſup-
» plice ». Quoi ! mon pere ; vous vous flattez toujours de le voir périr ? Combien vos rêves & vos
vœux ſont funebres ! Eh ! ne ſçavez-vous plus que
ſa condamnation par contumace étant du 18 Mai
1764, tout ce que l'Ordonance a de plus rigoureux,
c'eſt de regarder, à cauſe du laps des cinq ans, cette
condamnation comme définitive. Il lui faudroit des
Lettres d'eſter à droit pour ſe repréſenter & la faire
modérer : mais dès qu'il veut bien la ſubir, il n'a plus
de jugement à craindre, & ſon état eſt irrévocablement fixé.

Mais ſon état, ajoutez-vous, eſt celui d'un homme flétri lui-même par cette condamnation, *qui le
retranche du nombre des Citoyens*. Si c'eſt de bonne
foi que vous le dites, l'erreur eſt forte : & je m'é-
tonne que vous ayez ſitôt & ſi complettement oublié
les maximes & la juriſprudence de vos Tribunaux.
Conſultez les Légiſlateurs, & vous verrez que l'Edit

(1) du Roi du mois de Décembre 1703 , concernant les voies de fait, dit dans l'article VI , « que » l'offenseur pourra être condamné à un bannissement » *ou à s'abstenir pendant le temps que les Juges esti-* » *meront à propos , des lieux où il fait sa résidence* » *ordinaire* ». D'habiles Jurisconsultes ont pris soin de nous marquer la différence de cette peine aux autres.

» L'absence, nous dit Lacombe (2), est un genre » de peine , qui n'est ni afflictive ni infamante. C'est » une satisfaction accordée à l'accusateur «.

Me Muyard de Vouglans (3) dit aussi , « que » l'abstention de certains lieux est une peine qui se » prononce ordinairement dans les cas d'injures ou » menaces, dont on veut prévenir les effets ».

Les Parlemens qui y condamnent, selon l'exigence des cas, ont senti combien étoit judicieuse l'institution de cette punition mitoyenne. Que l'on proscrive dans l'ordre moral, ces faux milieux que nos modernes maximes voudroient quelquefois introduire entre le juste & l'injuste, c'est un grand bien. Car l'objet de la Morale est d'enseigner aux hommes ce qu'ils

(1) Cet Edit a été enregistré le 31 Décembre.

(2) Rousseau de Lacombe. Matieres criminelles, au mot *Abstention.*

(3) Institut au Droit criminel, part. 8, chap. 2.

doivent être. Mais comme l'objet des Loix fe borne néceffairement à gouverner les hommes tels qu'ils font, ce feroit un grand mal de négliger trop dans l'ordre légiflatif ces vues moyennes, qui mitigent les peines au befoin. En effet, une extrême indifférence & une rigueur extrême feroient, dans ces matieres, deux extrêmes injuftices. Par l'une, la fociété feroit expofée à trop de rifques. Par l'autre, trop d'hommes feroient voifins du châtiment. Inconvénient qui dans le fyftême politique, vaut bien l'autre.

Quoi ! mon pere, vous ignorez ces maximes. Je veux le croire. Vous les fçaviez pourtant, quand vous apprîtes que Valdahon n'étoit condamné qu'à l'abfence. Quel odieux Arrêt, vous écriâtes-vous, qui fauve à mon ennemi l'honneur & la vie. Avez-vous déjà oublié avec quelle véhémence vous déclamâtes au Confeil, contre le tort qu'avoit cet Arrêt de lui conferver l'un & l'autre ? Ne vous fouvient il plus que Paris & la Cour s'étonnerent de vos douleurs & de vos plaintes contre un Arrêt qui auroit dû faire votre joie ? Vous difiez alors aux Magiftrats du Confeil : « l'abfence n'eft point une flétriffure ; ré-formez donc cet Arrêt, pour qu'il foit flétri. » Vous dites à préfent aux Magiftrats de Befançon : « l'ab-fence eft une flétriffure, arrêtez-donc fon mariage, parce qu'il eſt flétri. » C'eſt donc vous que j'oppoſe à vous-même ; vous, diſant alors la vérité, à vous ne la diſant plus à préſent, parce que vous l'appellez ou l'éloignez, au gré des tems & de vos intérêts. Tous vos efforts pour le faire flétrir, avoient pour but d'empêcher qu'il ne m'épouſât. Tous les vœux des Juges, quand ils lui ont laiſſé l'honneur, ont été qu'il en profitât pour m'épouſer. Car réfléchiſſez ſans paſſion ſur les conſéquences de leur Arrêt. Vous y verrez la queſtion de mon mariage déja toute jugée. Si en effet ils avoient trouvé Valdahon indigne de m'épouſer, ils l'auroient déclaré ſuborneur. L'indignité, ſoit qu'elle provienne de la naiſſance, ou de l'âge, ou de l'état, eſt la principale marque de la ſéduction. Donc dès qu'ils l'ont jugé innocent de ce crime, c'eſt qu'ils l'ont trouvé digne par ſa naiſſance, ſon rang, ſon âge, de s'allier avec moi. Dès que, dans le Procès, ils n'ont rien vu pour la ſéduction, il s'énſuit que, dans les mœurs, ils ont tout vu pour le mariage. Leur Jugement a indiqué à Valdahon ce qu'il devoit faire. Son mariage ſera, pour ainſi dire, l'exécution de leur jugement. Chacun l'a dit, & l'a dit avec joie. Pluſieurs Magiſtrats même ne s'en ſont pas tû. Mais Valdahon a-t-il fruſtré leur attente ? L'abſence, le tems qui détruit tout l'ont - ils changé ? S'eſt-il

joué

joué de mon amour, ou rebuté par votre haine ?
Confidérez, homme inflexible, pere implacable, tout
ce qu'il a tenté pour la vaincre.

Je ne parle point du courage qu'il a eu d'embraffer
vos genoux, aux yeux de la France entiere. Je
parle du defir vif qui a faifi fon ame, de racheter mes
fautes par fes vertus, & mon deshonneur par fa
gloire. Ce beau deffein lui a fait entreprendre de grands
travaux. De quoi n'eft point capable l'homme que
l'amour & que l'honneur enflamment ? Il n'avoit vu
dans les droits qu'il avoit fur mon cœur, que plus
d'obftacles à obtenir ma main. L'envie de les furmon-
ter tous, a exercé fon ame aux grandes actions, l'a
rempli d'une vigueur nouvelle, l'a rendu fupérieur à
lui-même. Il s'eft diftingué par des talens vrais. Ce
n'eft point à moi à les publier. Je fuis trop affociée
à fon fort, pour l'ofer louer. Mais je dois dire que
fes fuccès lui ont obtenu de fon Maître, la plus flat-
teufe récompenfe.

Et quand il apporte à vos pieds une réputation
acquife par tant de foins, vous le traitez comme un
homme vil, qui, infâme lui-même, ne peut plus
donner l'être qu'à des enfans infâmes comme lui.
Vous demandez *fi vous ne deviendriez pas vous-même
infâme, en confentant que vos petits-fils le foient.* Ce

H

dernier mot manquoit à vos tranſports. Traiter d'inꞏ
fâmes juſqu'aux enfans de Valdahon , avant qu'il ſoit
pere ! Vainement feuilleteroit-on tous les monumens
de la haine : cet excès n'appartient qu'à la vôtre.
Dans ces imprécations ſi connues pour être le chef-
d'œuvre de la fureur , la plus violente des femmes * ſouhaite à ſes ennemis , qu'il naiſſe d'eux un
fils qui lui reſſemble. Ce vœu peut du moins être
vain. Vous, votre marche eſt plus rapide. Vous flé-
triſſez les fils de Valdahon , avant qu'ils ſoient nés. Ils
n'exiſtent point , & vous les déclarez infâmes : déjà
vous les déteſtez autant que leur pere. C'eſt ainſi que
vous enchériſſez ſur le trait le plus célebre de la colere humaine. Tant il eſt vrai que les élans du cœur
vont plus loin que ceux du génie.

Puis, quand vous avez ſi libéralement diſtribué l'infamie ſur l'ayeul, ſur le pere, ſur les enfans qu'il engen-
drera , vous nous peignez , dans un morceau plein de
chaleur , toute l'horreur qu'on doit porter aux alliances infâmes. » Qu'on interroge , dites-vous , toutes les
» familles où regne encore l'honneur, où la gloire d'ê-
» tre ſans reproches & de porter un nom ſans tache,
» eſt regardée comme la premiere diſtinction, parce
» qu'elle prouve une vertu héréditaire ; qu'on pro-
» poſe aux Chefs de ces familles reſpectables, d'allier

» leurs enfans à des perfonnes flétries, ils répon-
» dront qu'ils aimeroient mieux voir périr leur race,
» que d'y enter les rejets du crime. » Voilà, cer-
tes ! de grandes vérités. Mais quand je les vois fervir
à renforcer les fauffetés qui les précédent, je crois
voir un de ces hommes deftinés à guérir nos maux,
changer en un fer meurtrier, un inftrument utile &
falutaire. C'eft moi, mon pere, qui dois dire à mon
tour : Qu'on interroge les familles où regne encore
l'honneur, où la gloire d'être fans reproches eft regardée comme la premiere diftinction ; qu'on propofe aux Chefs de ces familles refpectables par leurs
fentimens, de traiter d'infâmes des gens auffi intacts
qu'eux-mêmes, de traiter d'hommes flétris, des hommes qui, loin de l'être, ont l'eftime publique, ils
répondront qu'ils aimeroient mieux périr, que d'être
les premiers à enter ce crime dans leur race.

Celle de l'homme que j'aime eft fans tache. Mais
fuis-je telle, qu'on en dife autant de la vôtre ? J'ai fait
voir ce qu'étoit Valdahon. Voyez maintenant qui je
fuis. Soit préjugé, foit raifon, n'ai-je pas perdu dans
fes bras, l'honneur qu'il a confervé dans les miens ?
Mais que dis-je ? Je ne l'ai pas perdu. Ce tréfor eft en
dépôt dans fon cœur. Il veut me le rendre : il m'appelle
& vous m'arrêtez ! C'eft moi-feule qui me fuis préci-

pitée dans l'abîme : c'eſt Valdahon qui me tend les mains pour m'en retirer , & c'eſt mon pere qui m'y retient ! Il fait plus : & comme pour m'y plonger encore plus avant , « Que ma fille parle , dit-il , & elle aura , ſi elle le veut , un autre époux , même dans l'année. » Quelle offre ! Quel outrage ! Quelle opinion vous avez & vous donnez de moi ! N'eſt-ce pas aſſez que vous ayez inſtruit le Public de mes premiers torts , ſans que vous me preſſiez de mériter de nouveaux mépris ? Tout homme qui me demanderoit aujourd'hui , ſeroit lui même un homme mépriſable. Ces vaines recherches offenſeroient l'honneur. L'honneur ne me laiſſe plus ni de choix à faire , ni d'hommes honnêtes à intéreſſer , hors un. C'eſt ce ſeul homme que vous me devriez forcer de prendre , ſi nous avions , vous le droit de m'y contraindre , moi la baſſeſſe de réſiſter. J'en atteſte à la face de l'Univers , la Nature , la Religion , les Loix , les mœurs , le reſpect dû à l'Hymenée , toutes les Puiſſances du Ciel & de la Terre. Oui, mon pere , j'unirois, par honneur, mes deſtinées aux ſiennes, quand je lui porterois autant de haine que j'ai pour lui d'amour. Car je l'aime ; je ne dois plus m'en taire : oui je l'aime de toutes les forces de mon ame : en rougir ne ſeroit plus pudeur, mais lâcheté. C'eſt l'excès même d'une paſſion qui l'excuſe, le mérite de ſon objet la juſtifie, ſa durée l'honore. Je le déclare donc aux Magiſtrats qui rompront vos obſtacles, aux Miniſtres des Autels qui attendent Valdahon & moi, au Public qui eſtime & loue ſa conſtance, que j'aimerai toute ma vie un homme qui ne m'a point trompée, qui n'a point eu l'ame abjeſte, mais celle qu'il lui falloit, pour tirer la mienne de l'opprobre. Une invincible ſympathie me l'avoit fait aimer ; le Tems & nos déſaſtres ont nourri mes feux ; ſes vertus les ont rendu légitimes, & l'honneur m'en fait un devoir.

Vous dites « que Valdahon ne m'aime point , » qu'il ne m'aimera jamais, & qu'il ſe joue de ma » paſſion ». O mon pere que vous êtes cruel, & que votre fille eſt foible ! Valdahon ne m'aime point ! Je ſuis certaine du contraire, & je pleure. Pardonnez ce mouvement involontaire : laiſſez , laiſſez couler mes larmes : elles n'ont rien d'affreux pour vous. Valdahon ne m'aime point ! & il demande à être mon époux ! Valdahon ne m'aime point ! & il me pardonne vos outrages ! Ah ! j'ai aſſez des maux réels que vous m'avez faits, ſans que vous m'en faſſiez redouter de nouveaux. Ce dernier, je ne m'en cache point, ſeroit le pire de tous. C'eſt au bonheur d'y avoir échappé, que j'ai dû de ſupporter les autres. Durant huit ans de silence & d'absence, un secret sentiment de confiance me soutenoit & ne m'a point déçue. J'ai pris toute ma fermeté dans son cœur : & je suis forte de son courage, comme il est malheureux de mes peines.

Vous le seriez trop par ses vices, me dites-vous, en m'annonçant « que je me couvre de malheurs & » d'opprobres si j'épouse un homme ruiné en tout » sens, accoutumé à une vie licencieuse, qui ne peut » que réduire sa femme ou à gémir dans une triste » vertu, ou à se venger de l'inconduite par l'incon- » duite ». Mon pere, ne craignez plus pour moi l'inconduite. J'ai trop appris ce qu'il en coûte à s'é- carter des voies de la sagesse, pour en sortir jamais. Ne craignez plus pour moi l'avenir. Il ne peut m'être aussi horrible que l'a été le passé. Sachez pourtant que si je pouvois croire que les fléaux dont vous me me- nacez, m'attendissent, quel que soit l'excès de mon amour, ma raison désavoueroit mon cœur. J'enseve- lirois mon deshonneur dans l'ombre d'une éternelle prison, & ce supplice seroit moindre à mes yeux que celui de méfestimer mon époux. Vous connoissez peu votre fille. Vous la croyez incapable de toute vertu. Elle en a pourtant montré quelques-unes, depuis sa faute. Elle a du moins fait voir que, malgré sa chûte, elle n'étoit ni vile , ni parjure. Laiffez-la donc atteindre au but où fa confcience, les devoirs & l'honneur la portent.

L'illuftre effort! m'allez-vous dire; le pénible devoir qui comble fes vœux & fait fa joie. Qu'il eft grand d'écouter fa confcience quand elle s'accorde avec le cri du cœur!

Eh quoi! mon pere , eft-ce mon crime ou mon bonheur qui vous irrite? Dois-je plutôt refter criminelle, que de me rendre heureufe? Si je ne puis recouvrer le bonheur fans me délivrer de la honte, je ne vois pas en quoi l'infortune eft d'un prix,qui exige jufqu'au facrifice de l'honneur? Pourquoi vous affliger qu'une paffion, qui jufqu'ici a fait mon fupplice, ferve enfin à ma félicité? Quand je traînerai tous mes jours dans l'infortune, en ferez-vous plus heureux? Quand je ferai toute ma vie dans l'opprobre, en ferez-vous plus eftimable? Si mon ame eft vile, m'en aimerez-vous plus? Si elle ne l'eft pas , m'en eftimerez-vous moins? Ou fi je retrouve l'eftime & le bonheur, en ferez-vous plus à plaindre & plus humilié? La publicité de ces queftions vous offenfe. Eft-ce ma faute? Qui de nous deux a entraîné l'autre dans les Tribunaux? Que fais-je , que répondre à un écrit public? Dois-je être jugée fans me défendre ? Puis-je me défendre fans tout dire ? N'aurai je eu que le courage de la honte ? Suis-je indigne de celui que l'honneur exige ? Fais-je plus de mal en rendant publique la défenfe de mon honneur, que vous n'en avez fait, en me deshonorant aux yeux du Public ? Soyez-en fûr ; l'honneur d'un pere & celui de fa fille font indivifibles. Je vous outrage, fi je vous obéis. Ma réfiftance vous honore & vous fert. J'ai perdu l'innocence, voilà mon crime : fi je ne la recouvre pas, j'ai prefque dit, » ce fera le vôtre. « Que l'honneur juge entre mon pere & moi, fi c'eft à moi de facrifier mon amour à fa haine, ou à lui de facrifier fa haine à ma réputation. Ne donnez plus cette haine pour de la vertu. Le motif eft beau de fuir le deshonneur ; mais c'eft foibleffe de voir la honte où elle n'eft pas, & d'ériger, dans fa fauffe confcience, le bien en mal.

Vous avez beau réclamer l'empire des peres & les vouloir ranger fous vos drapeaux. Ils fçavent que l'abus du pouvoir n'eft pas le pouvoir : que l'autorité n'eft point le defpotifme : que les loix, plus fages que les hommes, commandent autant aux peres qu'aux enfans. Ils voyent que mon exemple ne fera point contagieux pour les leurs : & qu'un fuccès acheté à un fi haut prix, eft plus propre à les détourner du du défordre, qu'à les y conduire. Et la durée des maux que mes fautes m'ont attirées , ne leur laiffent plus voir que les vôtres.

C'eft auffi tout ce qu'ont vû les Miniftres à l'autorité defquels vous avez effayé de recourir. Car que n'avez-vous pas tenté contre moi ? Heureufement que l'Adminiftration eft placée aujourd'hui dans des mains fages & ennemies de la tyrannie. Qui le fçait mieux que vous ? depuis la réponfe que vous fit un grand Miniftre, auffi connue par la nobleffe de fon ame, que par l'étendue de fon génie; lorfque vous le prefsâtes de vous accorder une lettre de cachet, pour changer mon couvent en prifon : *il eft tems* , vous écrivit-il , *qu'après n'avoir écouté que la voix du reffentiment & de l'animofité, vous écoutiez enfin celle de l'honneur.*

Si donc vous êtes auffi fenfible que vous femblez l'être, aux jugemens & aux difcours des hommes ; au lieu de chercher dans l'avenir ce qu'ils diroient de vos petits-enfans, prenez garde à ce qu'ils diront de vous-même. Ce qu'ils en difent maintenant peut ceffer. Un grand effort , un acte de vertu changera demain en éloges la cenfure d'aujourd'hui. Votre fort eft encore dans vos mains : mais un inftant le peut fixer. Craignez cette voix fur laquelle le temps

I

n'a plus d'empire , cette voix immortelle qui fort du creux de nos tombeaux. Mon pere, vous n'étiez pas fait pour la craindre. La Nature vous avoit doué de ces qualités qui élevent un homme au-deſſus des autres. Un caractere que rien n'étonne ni n'ébranle, une tenue infatigable & ſans exemple dans le vouloir comme dans l'exécution, vous auroient dû porter aux grandes choſes. Hommes imparfaits! quand vos cœurs embraſſent la vertu, les moyens & les reſſorts vous manquent pour vous illuſtrer par elle : & quand vous avez entre les mains l'inſtrument qui produit l'héroïſme , quel déplorable uſage vous en faites !

Eſt-il aſſez humiliant d'être forcé d'apprendre à un pere en quoi l'honneur conſiſte ! Mais quoi ! n'eſt-ce pas de vous que j'ai appris moi-même à le connoître ? Et quand les peines que vous m'infligez pour y avoir manqué, deviennent ſi terribles , qu'elles le révoltent à leur tour ; n'eſt-il pas juſte que je rappelle à vos vieux ans, les leçons de vertu que vous donnâtes à mon enfance ? Un moment de délire m'en a fait perdre le mérite , mais non le fruit. Je m'en ſouviens, pour vous en faire hommage; je les chéris pour vous les rendre.

Eh ! le moyen que je vous redemande mon honneur, fans vous preffer de fonger au vôtre. Mon pere, mettons tout à fa place, & laiffons les difcours frivoles. Vous vous êtes oppofé devant les Juges à mon mariage. Les Juges n'ont point encore prononcé notre Arrêt. Mais ils voient que votre oppofition portoit fur deux bafes que j'ai fait crouler. Donc, ils voyent 1° qu'en homme inftruit, 2° qu'en homme d'honneur, vous me devez votre confentement.

Daignez donc, mon pere, me donner ce que les Loix me donneroient fans vous. Ce ne font plus des pardons que je mets à vos pieds. Ce ne font plus des graces que j'y réclame. J'y apporte mon propre bien. Je remets entre vos mains ce qui m'appartient, afin que ce qui eft à moi, j'aie le bonheur de le tenir de vous. Au nom du Dieu qui va fceller fur fes Autels les faints nœuds où mon cœur afpire, n'en empoifonnez point les douceurs. Serons-nous toujours malheureux l'un par l'autre ? Votre indignation eft, je vous le jure, un fardeau que je ne m'accoutumerai jamais à porter. N'allez pas conclure de cet écrit que j'y fois infenfible. S'il contient de triftes vérités, c'eft qu'il falloit que ce que les prieres, la réfignation & les larmes avoient tenté fi fouvent fans fuccès, la raifon & le bon droit l'entrepriffent avec

I ij

quelques forces. *La charité & la douceur ont auſſi leurs émotions & leurs coleres.* Semblable à ces guerriers, qui, emportés par la violence de leur objet, ne ſentent leurs bleſſures, ne voyent couler leur ſang qu'au moment de la victoire, j'ai combattu pour mon honneur, pour le vôtre, pour le ſort de toute ma vie, pour le ſort de celui que j'aime ; toute entiere à ces grands intérêts, j'ai ſenti mes forces croître, mon courage s'élever, j'en ai eu tout ce qu'il m'en falloit pour frapper au but : & quand j'y touche, tout ce courage m'abandonne, la douleur de vous déplaire m'accable, & la ſatisfaction d'être unie à l'objet de mes vœux me touchera moins mille fois, que je ne gémirai de ne vous être plus chere.

Ah ! mon pere, votre fille vous demande ſi ces titres de pere & de fille ne diſent plus rien à votre cœur ? Que je plains ceux que ces noms doux & ſacrés n'attendriroient pas ! Malheur ſur-tout à quiconque pourroit penſer que la haine entra jamais dans les chagrins que les peres & les enfans ſe cauſent les uns aux autres. C'eſt le myſtere du cœur de l'homme qu'il tourmente ſouvent plus, ce qu'il aime davantage. Auſſi ce qu'ont d'horrible les combats des peres & des fils, c'eſt qu'au plus fort de leurs diviſions, la Nature, qui jamais ne perd le fond de ſes droits, y mêle une

fecrete impreffion de tendreffe, qui les rend plus af-
freufes que la mort même. J'éprouve jour & nuit ce
fupplice. Je m'abreuve de ce mortel poifon. Se-
courez-moi, ou je fuccombe. Ouvrez-moi vos
bras. Que je m'y plonge : que j'y retrouve la vie.
Preffez-y votre fille. Rendez-lui votre aveu,
votre amour. Et je dirai : « Mon pere, toutes vos
rigueurs ont été pour moi des bienfaits. Née avec des
paffions vives, j'avois befoin de la leçon du malheur :
il les a domptées toutes, & l'oubli d'un devoir fi ri-
goureufement puni, m'a rendue attentive aux autres.
Ma foibleffe avoit révolté tous les cœurs ; mes fouffrances les ont intéreffés ; & leur pitié, grace à vous,
les difpofe à me rendre plus aifément l'eftime. Vous
m'avez rendue plus heureufe, de tout le prix que l'infortune ajoute au bonheur. Vous m'avez raffurée fur un
grand péril, celui de ne pouvoir donner à l'Hymen
que ce dont avoit joui l'amour. Ce n'eft plus alors un
don, c'eft une dette que nous fommes trop heureufes
que l'on accepte : & il ne m'a pas fallu moins que les
épreuves, par où vous avez fait paffer mon époux,
pour avoir de fûrs garants de fa conftance. Mais fur-
tout vos févérités envers votre fille, la rendront la
plus tendre des meres. Mes enfans feront heureux, de
tout le bonheur qui m'a manqué : & je les inftruirai

à vous dédommager par leurs vertus, des peines que vous ont causé mes fautes.

Voilà, mon pere, les précieux services dont je vous bénirai du profond de mon ame. Voilà comment le couroux d'un pere est bienfaisant, jusques dans ses excès. Voilà comment la Nature retrouve, dans ses écarts même, tous ses droits. Quand viendra ce jour heureux de son triomphe, où serrant contre votre sein, votre enfant & les miens, vous nous direz : « Ma fille que tu as bien servi ton pere ! Combien tu l'aimois, quand tu a mis le fer dans sa playe ! De quelle douceur ta rare fermeté me fait jouir ! De quelle joie un respect timide m'eut privé ! La méchanceté ne souilla jamais nos ames. Des passions fortes les avoient égarées ; mais les passions, quelle que soit leur dûrée, cessent. Puissent tes fils, instruits par nos malheurs, en profiter pour être, toute leur vie, des enfans sages & de bons peres ».

Dois-je réussir ? Je le crois, & le demande à mon Conseil. *Signé*, JEANNE-ANTOINETTE-GABRIELLE DE MONNIER.

LETTRE de M. LOYSEAU DE MAULEON,
A Mademoiselle DE MONNIER.

C'EST avec grand plaisir, Mademoiselle, que je vous ai prêté ma plume. Je devois ce service au malheur & à l'amitié. Je n'ai rien exprimé, que votre cœur n'ait mieux senti. Mais je vous prie, Mademoiselle, de ne point exiger que ie signe votre Consultation. Je ne suis plus au Barreau: j'en dois respecter les usages, ainsi que ceux de ma Compagnie. Il est nécessaire que cette Consultation soit faite & signée par un Avocat. Je viens de vous choisir un Conseil très-estimable & très-éclairé.

Je suis avec respect,

Mademoiselle,

Paris, 5 Décembre
1769.

Votre très-humble & très-obéissant Serviteur,

LOYSEAU DE MAULEON.

CONSULTATION.

LE Conseil soussigné, qui a pris lecture de la Réponse ci-dessus ; Estime que les moyens developpés dans cette Réponse, démontrent évidemment que M. de Monnier doit être débouté de son opposition au mariage de sa fille. Le domicile de la Demoiselle étant le même que celui de ses pere & mere, il en résulte, 1° que les bans doivent être publiés dans leurs Paroisses ; 2° qu'elle ne pourra être mariée que par le Curé de cette Paroisse, ou de son consentement. Ce qui n'empêche pas qu'avec

le certificat de publication de ce Curé, & la per-
miſſion de ce même Curé, elle ne ſe marie en tout
endroit d'où M. de Valdahon n'eſt pas tenu de
s'abſenter. Elle n'eſt plus ſous la puiſſance de ſon
pere, quant au mariage.

Délibéré à Paris ce 6 Décembre 1769.
Signé *ROUSSELET*.

A PARIS, chez P. G. SIMON, Imprimeur du
Parlement, rue de la Harpe, à l'Hercule. 1769.

www.ingramcontent.com/pod-product-compliance
Lightning Source LLC
LaVergne TN
LVHW010944210726
843510LV00013B/120